AF358881

LES

FASTES DE LILLE

CORTÉGE-CAVALCADE

(14 JUIN 1863)

Une quête au profit des pauvres sera faite pendant
la marche.

LILLE

IMPRIMERIE DE HOREMANS

1863

FASTES DE LILLE

CORTÉGE-CAVALCADE

PREMIER GROUPE

(IIIᵉ SIÈCLE)

Origine de Lille. — Celtes et Romains.

Bannière avec cette inscription : *Cortége des Fastes de Lille, 14 juin 1863.*

Celtes.

Licteurs romains.

Bannière avec cette devise ; *ex minimis maxima.*

Romains portant, sur un pavois, une for-
teresse, signe de la domination romaine.

Char triomphal du proconsul romain.

INDICATION HISTORIQUE.

Ce n'est qu'au VIIe siècle que les manuscrits
mentionnent le nom de Lille, mais il est hors de
doute que bien avant ce temps Lille existait, ne
fût-ce qu'à l'état de simple bourgade. Les Celtes,
Nerviens, Moriniens, Ménapiens, habitaient alors
nos contrées, et on a tout lieu de croire que ces
derniers sont nos ancêtres. Les Romains ont aussi,
sans aucun doute, contribué à la formation de
Lille, car les noms de Jules-César, d'Alexandre
Sévère, qu'on trouve dans les traditions, les ves-
tiges romains mis à jour en plusieurs endroits
dans des fouilles, et par dessus tout, le nom latin
de notre ville, sont des arguments qui paraissent
sans réplique.   x***

DEUXIÈME GROUPE

(VIIe SIÈCLE)

Temps primitifs de la Flandre.

Bannière de la Flandre au VIIe siècle.

Troupe de guerriers du VIIe siècle.

Figures colossales de LYDÉRIC et de PHINAERT.

Char représentant un monticule au sommet duquel s'élève le *Château du Buc.* Du pied du monticule jaillit une fontaine ombragée de saules (*la Fontaine del Saulx.*) Auprès de la fontaine, se tiennent l'*ermite*, l'*enfant* et la *biche* qui figurent dans la légende populaire du *premier forestier* de la Flandre.

INDICATION HISTORIQUE.

Vers l'an 620, Salvaert, comte de Dijon, s'en allait en Angleterre avec Emelgaïde, sa femme, alors enceinte; — comme il passait avec sa suite dans le *bois de Sans-Pitié* (situé à l'endroit où fut ensuite bâtie la ville de Lille), un seigneur féroce et avide, nommé PHINAERT, qui occupait à cette époque le CHATEAU DU BUC, au centre du bois de Sans-Pitié, se jeta sur lui à l'improviste avec les soudards de sa bande. Salvaert et tous ses serviteurs furent massacrés; mais, au milieu du tumulte, Emelgaïde se sauva à travers les marais et alla se cacher près de là, dans le voisinage d'une fontaine qu'ombrageait un bouquet de saules. Bientôt, exténuée de fatigue, pénétrée de terreur, la pauvre comtesse accoucha dans cet endroit, avant terme, d'un bel enfant mâle qui semblait plein de force et de vigueur.

A peine la mère commençait-elle à reprendre ses sens, qu'elle vit venir de loin Phinaert et ses soldats acharnés à sa poursuite. Alors, voulant du moins dérober son fils nouveau-né aux recherches de l'infâme ravisseur, Emelgaïde cacha l'enfant dans un buisson, l'abandonna à la grâce de Dieu, et se laissa emmener prisonnière dans les sombres murailles du château du Buc. Vers le soir de cette même journée, un *ermite*, qui se nommait Lydéric et qui vivait près de la Fontaine des saules (*Fontaine del Saulx*), entendit les vagissements de l'enfant abandonné, le recueillit, le fit nourrir par une *biche*, lui donna son nom de Lydéric, et l'éleva avec autant de soins que si c'eût été son propre fils.

Vingt ans se passèrent ainsi. L'enfant était devenu un homme, et, qui mieux est, un vigoureux et vaillant guerrier, qui maniait admirablement la lance et l'épée et ne songeait plus qu'à venger son père et à délivrer sa mère captive. Le jeune Lydéric s'en fut donc trouver le roi de France, Clotaire II, et lui demanda congé pour défier et combattre Phinaert. Le roi ayant autorisé cet appel au *jugement de Dieu*, le combat eut lieu sur le théâtre même de l'attentat commis vingt ans auparavant. Après une lutte terrible, le jeune Lydéric tua Phinaert et délivra sa mère. Clotaire II, enchanté de la bravoure du vainqueur, le nomma *forestier de Flandre* et lui donna le château du Buc pour résidence.

H. BRUNEEL.

TROISIÈME GROUPE

(XIe SIÈCLE)

Bauduin V, comte de Flandre.

Bannière de la Flandre au XIe siècle.

Trompettes à cheval.

Le comte de Flandre BAUDUIN V, dit *de Lille*, chevauchant à la tête de ses barons et hommes d'armes.

Char représentant, au fond, l'église collégiale de *Saint-Pierre* (reconstruction du XIVe siècle), et, au pourtour, les murs de la première enceinte de Lille, bâtis par le comte Bauduin V. — Súr le char, une jeune fille, drapée à l'antique, la couronne murale au front, tenant une épée nue d'une main et une branche d'olivier de l'autre, debout sur un pavois, représente la Ville de Lille dans son enfance ; elle est entourée d'un essaim d'enfants de son âge portant les uns des gerbes et des instruments aratoires, les autres des glaives et des lances, d'autres encore des outils de construction et de maçonnerie.

INDICATION HISTORIQUE.

En 1030, le comte de Flandre, Bauduin IV, dit *Belle Barbe*, commença les premières murailles de Lille ; son successeur, Bauduin V, dit *de Lille*, les acheva. Le même comte bâtit ensuite, à Lille, la COLLÉGIALE DE SAINT-PIERRE, qui fut inaugurée en 1066, avec une pompe extraordinaire. Bauduin V avait été nommé régent du royaume de France pendant la minorité de Philippe 1er ; le jeune roi se trouvait alors à Lille sous la garde du Comte, son tuteur, et il assista à la cérémonie de l'inauguration avec les évêques d'Amiens et de Thérouanne et une foule de personnages éminents du clergé et de la noblesse.

Nota. Les armes de la Flandre, à cette époque, étaient: *gironnées d'or et d'azur de dix pièces, au millieu un écusson de gueules.* Ces armes furent remplacées, vers la fin du XIIᵉ siècle, par celles-ci: *d'or à un lion de sable.*

H. BRUNEEL.

QUATRIÈME GROUPE

(XIIIᵉ SIÈCLE)

Bauduin IX. — Jeanne de Constantinople.

Bannière au Lion de Flandre.

Trompettes à cheval.

Bauduin IX, comte de Flandre et empereur de Constantinople, à cheval, à la tête d'une troupe nombreuse de chevaliers croisés et de guerriers sarrasins.

Char représentant, au fond, *l'Hôpital Comtesse* (état actuel) et orné, au pourtour, d'écussons armoriés sur lesquels sont rappelés les titres des principales institutions politiques et fondations charitables que la ville de Lille doit à la comtesse *Jeanne de Constantinople*, fille de Bauduin IX (*Hôpital Comtesse. — Hôpital Saint-Sauveur. — Hôpital de Seclin. — Abbaye de Marquette.* — La Loi de Lille, *première charte de liberté communale de la ville, promulguée en 1235).* Sur le char siège la comtesse *Jeanne*, entourée de personnages allégoriques représentant la Charité, la Justice, la Piété et autres vertus qui distinguaient la bonne Comtesse.

INDICATION HISTORIQUE.

En 1203, le comte de Flandre, BAUDUIN IX, s'en alla conquérir Constantinople, fonder *l'Empire des Latins* et se faire proclamer empereur. Toutefois, l'empereur de Constantinople ne jouit pas longtemps de sa nouvelle couronne : fait prisonnier par le roi des Bulgares, il fut mutilé et jeté dans un cul de basse fosse, où il mourut, au bout de trois jours d'atroces souffrances, laissant son comté de Flandre à sa fille JEANNE, dite *de Constantinople*, qui le gouverna, pendant 40 ans, avec justice, habileté et énergie. La comtesse Jeanne de Constantinople a été sottement, lâchement calomniée par quelques chroniqueurs étrangers à la Flandre ; mais les archives du pays constatent, par des actes authentiques, que cette princesse fut une véritable providence pour ses sujets, en même temps qu'elle donnait dans sa vie privée l'exemple de toutes les vertus. La ville de Lille lui doit la fondation de plusieurs établissements de charité, deux hôpitaux, et sa première charte de liberté communale promulguée en 1235, sous ce titre : LA LOI DE LILLE.

H. BRUNÉEL.

CINQUIÈME GROUPE

(XIVe SIÈCLE)

Philippe-le-Hardi, duc de Bourgogne, comte de Flandre.

Réception solennelle de Charles VI,

ROI DE FRANCE.

Musique du duc de Bourgogne.

3 Porte-Bannière (Oriflamme de Saint-Denis, Etendard royal et Bannière ducale).

Chevaliers d'honneur des Etendards.

Cour de Charles VI.

Cour de Philippe-le-Hardi.

Pages.

CHARLES VI, ayant à sa droite PHILIPPE-LE-HARDI ; à sa gauche, JEAN-SANS-PEUR, fils du duc.

Chevaliers du roi de France.

Chevaliers du duc de Bourgogne.

INDICATION HISTORIQUE.

Charles VI, craignant une invasion des Anglais qui prêtaient déjà main-forte aux Gantois révoltés contre la suzeraineté de son oncle le duc de Bourgogne, forma le projet de joindre ses troupes aux

siennes pour chasser les Anglais des Flandres et
aller les châtier jusque dans leur pays. Il réunit,
à cet effet, une flotte considérable dans le port de
l'Ecluse et fit d'immenses preparatifs de guerre
pour cette expédition. Son oncle, le duc de Bourgogne, ouvre passage dans ses Etats à l'armée
royale, va au-devant de son neveu jusqu'à Arras,
et fait avec lui son entrée solennelle à Lille.

Nota. Tout le succès probable de cette expédition fut ruiné, sur mer, par une tempête, et sur
terre, par l'arrivee tardive du duc de Berri, autre
oncle du roi, qui devait grossir cette armee par
l'acjonction de ses troupes.

X***

SIXIÈME GROUPE

(XVe SIÈCLE)

Philippe-le-Bon.

Bannière de *Philippe-le-Bon*, duc de Bourgogne et comte de Flandre.

Trompettes.

Chevaliers de la *Toison d'or* se rendant, en
pompeuse chevauchée, au second chapitre de
l'Ordre qui se tint à Lille en 1431.

Char au fond duquel est assis, sous un
dais magnifique, le duc PHILIPPE-LE-BON, en
compagnie de dames et de chevaliers, entou-

rant une table splendidement dressée, au milieu de laquelle figure le célèbre FAISAN, qui a donné son nom à l'une des plus imposantes solennités des temps chevaleresques. (*Le repas du Faisan* qui eut lieu à Lille en 1453.)

Sur le devant du char se tiennent des pages, des ménestrels et des porte-bannière, avec guidons aux armes de Bourgogne et de Flandre. — Le pourtour du char est orné d'écussons où sont inscrits les noms des artistes célèbres de cette époque.

INDICATION HISTORIQUE.

A l'occasion de son mariage avec Isabelle de Portugal, PHILIPPE-LE-BON, duc de Bourgogne et comte de Flandre, institua, à Bruges, en 1429, le fameux ordre de la TOISON-D'OR, dont le second chapitre se tint, en 1431, sous la présidence du duc, dans l'église collégiale de Saint-Pierre, à Lille.

Vingt-deux ans après, le duc Philippe-le-Bon fit un appel à toute la chrétienté, invitant princes et barons à réunir leurs forces pour une expédition en Turquie, dont il voulait être le chef.

Ce fut à cette occasion qu'eut lieu, à Lille, le célèbre REPAS DU FAISAN, dont les chroniqueurs nous ont transmis des récits merveilleux. Ce repas du Faisan fut une cérémonie des plus splendides dont la Flandre ait gardé la mémoire. Non-seulement de l'Artois, de la Bourgogne et de toute la France, mais encore des contrées les plus éloignées, accoururent à cette fête d'élite de la noblesse, la fine fleur de la chevalerie et des légions de belles et nobles dames suivies de leurs pages et varlets. La grande salle du *Palais de la four* (devenu plus tard l'hôtel-de-ville), fut le théâtre du somptueux banquet et des jeux et représentations allégoriques qui l'accompagnèrent. Vers la fin du repas, on vit s'avancer dans la salle, un héraut d'armes portant *un faisan orné d'un collier d'or garni de perles et de pierreries.* Le héraut posa le faisan sur la table, devant le duc, et prenant la parole, il requit les nobles assistants de faire, *suivant la coutume ancienne,* un vœu sur cet oiseau. A cet appel, le duc se leva et fit le vœu d'aller combattre les infidèles. Aussitôt toute l'assemblée l'imita, et chaque convive, étendant la main vers le faisan, répéta pour son propre compte, le vœu du duc.

On sait que Philippe-le-Bon entretenait à sa cour des nains, des jongleurs et plusieurs fous qu'alors on appelait aussi les *sots de Monseigneur;* or, il paraît que la ville de Lille fournit quelques spécialités remarquables pour cet emploi, et Philippe-le-Bon appréciait tellement leur mérite, que lorsqu'ils parurent au repas du Faisan, pour y faire leurs jeux et drôleries, le duc, en les appercevant, s'écria avec une satisfaction quasi orgueilleuse: « *Ah! voici mes sots de Lille!* »

Sous Philippe-le-Bon fleurirent en Flandre une foule d'artistes célèbres que ce prince comblait d'honneurs et enrichissait de ses libéralités; parmi eux, il faut citer les peintres Jean et Hubert Van Eyck qui furent, dit-on, les inventeurs de la peinture à l'huile, Hans Hemling, Pierre Cristus ou Christophorem, Geerart Vander Meeren, Frédéric Herlin, et quelques orfèvres habiles qui produisirent de véritables chefs-d'œuvre dans lesquels l'élégance de la forme s'unissaient à une prodigieuse richesse de métaux et de pierreries.

H. BRUNEEL.

SEPTIÈME GROUPE

(XVe SIÈCLE)

Tournoi de l'Epinette.

Musique à cheval.

Bannière du *Tournoi de l'Epinette* (fameuse joûte chevaleresque instituée au XIIIe siècle, et qui avait lieu chaque année, à Lille, au XVe).

Trompettes à cheval, annonçant le tournoi.

Chevaliers joûteurs du tournoi de l'Epinette, montés sur leurs destriers, armés de pied en cap et portant des écharpes aux couleurs de leurs dames.

Derrière eux s'avance le chevalier vainqueur du tournoi, que quatre damoiselles, à cheval comme lui, conduisent en laisse par des rubans d'or fixés aux pièces supérieures de son armure. Le chevalier vainqueur porte attaché au cou, par un ruban de soie verte, l'épervier d'or, prix de sa victoire. (Cérémonial authentique).

Suite d'écuyers, pages et ménestrels.

Char figurant une estrade de tournoi sur laquelle siégent le *Roi et la Reine de l'Epinette*, portant tous deux pour sceptre une

branche d'épine en or. Sur le devant du char
se tient le *connétable de l'Epinette* avec ses
écuyers et son porte-bannière.

INDICATION HISTORIQUE.

Le TOURNOI DE L'EPINETTE était une fête chevaleresque, fondée, à ce qu'on croit, au XIIIe siècle, et qui se célébrait chaque année, à Lille, par des cortéges, des joûtes, des bals, des banquets et autres *joyeusetés*. Le XVe siècle fut l'époque la plus florissante de cette institution; la fête commençait alors au premier dimanche du carême et durait environ deux semaines. Donc, chaque année, à l'approche du *dimanche gras*, les magistrats, les seigneurs et les notables bourgeois de Lille élisaient un ROI DE L'EPINETTE, en ayant soin de le choisir parmi les habitants les plus riches, attendu que c'était sur lui que devaient retomber tous les frais de la fête. L'installation du nouvel élu était entourée d'une pompe toute majestueuse; on voyait, en effet, un cortége innombrable de chevaliers et de nobles dames escorter, à travers les rues, le nouveau *Roi* et la *Reine*, sa femme, portant tous deux la couronne en tête et tenant à la main, en guise de sceptre, une branche d'épine en or. Le lendemain, s'ouvrait la lice d'un magnifique tournoi, où combattaient, à armes courtoises, les plus habiles joûteurs du comté de Flandre. Le roi de l'Epinette y luttait en personne ou par un délégué. Le vainqueur du tournoi recevait, pour prix de sa victoire, *un épervier d'or* que la *Reine* lui attachait au cou par un ruban de soie verte; puis, il parcourait la ville, escorté de quatre *gentes damoiselles*, qui le tenaient en laisse par des rubans d'or, fixés aux pièces supérieures de son armure.

Lorsque celui qu'on choisissait pour Roi de l'Epinette n'était qu'un simple bourgeois, il était anobli par le fait même de son élection.

Le nom de *l'Epinette*, donné à cette institution, paraît provenir de ce que cette fête eût d'abord pour but principal de consacrer le souvenir de la *Sainte Epine* que la comtesse Jeanne de Constantinople donna par testament au couvent des Dominicains de Lille, où les rois de l'Epinette allaient l'honorer tous les ans, après leur installation.

H. BRUNEEL.

HUITIÈME GROUPE

(XVIe SIÈCLE)

Entrée de Charles-Quint.

Bannière de CHARLES-QUINT.

L'empereur CHARLES-QUINT faisant, en 1542, sa *joyeuse entrée* dans la ville de Lille, entouré des principaux personnages historiques de sa cour.

Suite de seigneurs et de pages.

Figure colossale de JEANNE-MAILLOTTE (la Jeanne-d'Arc lilloise du XVIe siècle), escortée d'archers et d'arbalétriers du temps.

Tambour-major et tambours grotesques des
Hurlus (sobriquet populaire des partisans de
la Réforme à cette époque).

Cheval des Quatre Fils Aymon et autres
personnifications comiques consacrées par la
tradition, pour les cortéges de la Flandre.

Char portant un immense tonneau de bière
enfourché par un gros *Bacchus flamand* couronné de feuilles de houblon. — Sur le devant
du char, des satyres armés de longues perches
à houblon, ornées de leur feuillage, tiennent
enchaîné et terrassé un personnage tout vêtu
de feuilles de vigne.

INDICATION HISTORIQUE.

Charles-Quint était comte de Flandre du chef de
son père, Philippe-le-Beau ; il aimait beaucoup ses
bonnes villes des Pays-Bas et les visitait volontiers.
En 1542, l'empereur Charles-Quint fit sa *joyeuse
entrée* dans la ville de Lille et y séjourna près
d'un mois.

Le 22 juillet 1582, un parti de maraudeurs réformés
(protestants), profitant de l'heure des vêpres qui
appelait la foule aux églises, fit tout-à-coup invasion
dans un des faubourgs de Lille. Déjà ces *Hurlus*
(sobriquet populaire des réformés en Flandre),
étaient en train de piller les maisons désertes,
lorsque l'hôtesse d'un cabaret où se réunissait une
confrérie d'archers, prit une hallebarde, se mit
à la tête des confrères armés et courut sus aux
assaillants. Toutes les femmes du voisinage se
mirent alors de la partie ; elles aveuglaient les

soldats *Hurlus* en leur jetant des poignées de sable au visage, pendant que leurs maris et leurs frères les criblaient de leurs flèches et les lardaient de leurs piques. Tant et si bien que l'ennemi prit honteusement la fuite et que le faubourg et la ville furent sauvés.

Cette héroïne bourgeoise se nommait JEANNE MAILLOTTE, et son cabaret existe encore aujourd'hui sous cette enseigne : *Au Jardin-de-l'Arc.*

H. BRUNEEL.

NEUVIÈME GROUPE

(XVIIe ET XVIIIe SIÈCLES).

Entrée de Louis XIV à Lille.

Porte-étendard sur la bannière duquel figure l'image du soleil avec la devise : *Nec pluribus impar.*

Musique d'infanterie des troupes du roi.

Maison militaire du roi : mousquetaires et dragons de la reine.

Un porte-étendard aux armes françaises et trois trompettes, annoncent le roi Louis XIV, qui fait son entrée victorieuse à Lille, le 23 août 1667, suivi des ministres, maréchaux et seigneurs de sa cour, parmi lesquels on distingue Vauban, qui fortifia Lille, le maréchal de Boufflers, qui défendit cette ville contre le prince Eugène (siège de 1708), Turenne, Colbert, Louvois, ministres de la marine et de la guerre, etc., etc.

Char représentant l'apothéose du grand roi ; dans un médaillon est figurée la porte de Paris, monument élevé à Lille, à la gloire de Louis XIV. Le buste de ce monarque, placé au fond du char, est couronné par la victoire. Sur les gradins sont assis quelques poètes célèbres de cette époque, Corneille, Molière, Racine, Boileau, etc., etc., qui, avec les grands hommes d'épée, dont le roi est entouré, forme la pléiade des illustrations du grand siècle.

x***.

INDICATION HISTORIQUE.

En 1667, Louis XIV assiégea la ville de Lille, la prit et en fit une cité française ; puis il chargea Vauban de l'agrandir et de lui appliquer son beau système de fortifications.

En 1708, la ville de Lille résista pendant trois mois au prince Eugène, qui l'assiégeait avec une artillerie formidable ; la citadelle se défendit, en outre, quarante jours encore après la reddition de la ville. M. le maréchal de Boufflers, gouverneur de Lille, ne se rendit qu'après une défense héroïque. Lille resta ensuite pendant cinq ans au pouvoir des Hollandais, jusqu'à ce que le traité d'Utrecht la rendit à la France. Depuis lors, Lille n'a plus cessé d'être une ville toute française, et de nom et de cœur.

H. BRUNEEL.

Char figurant la Bourse des Pauvres.

Sur ce char, une immense et riche aumônière ouverte provoque à la bienfaisance. Aux quatre angles sont les emblêmes et attributs de l'Agriculture, du Commerce et de l'Industrie.

Char de Brûle-Maison

(XVIIIᵉ SIÈCLE)

Brûle-Maison, Chansonnier, Chanteur et Physicien, monté sur un escabeau, place une petite maison de cartes au bout d'un bâton et y met le feu. Sur une bannière et au pourtour du char, sont rappelés les titres de ses productions les plus connues : *Le Siége de Lille en 1708, les Blasés, les Buveuses de café, le Mari mort et oublié, Sermon naïf,* etc., etc. Devant lui est une table sur laquelle sont placés des gobelets, des muscades, une baguette magique, un *sac à malices,* etc. Il chante une chanson, récite une *pasquille,* ou fait quelques tours d'escamotage.

Sur le devant du Char, des musiciens jouent les airs sur lesquels Brûle-Maison a composé la plupart de ses chansons.

INDICATION HISTORIQUE.

François Cotigny ou de Cottignies* dit Brûle-Maison, né à Lille, le 16 février 1678, et non, comme on l'a écrit maintes fois, en 1679, y est mort le 1er février 1740. Il demeurait sur la *Petite-Place*, où il exerçait un petit commerce. Entre temps, il composait des chansons et des pasquilles, puis il les vendait dans les marchés de Lille et des environs.

Une note du poème en vers burlesques, sur la *Bataille de Fontenoy*, composée par Platiau, *natif de Lille en Flandre*, et publiée à Lille le 1er août 1745, nous apprend « qu'il faisait de temps en temps des expériences de physique sur la Place, mais qu'il négligea ces sortes d'exercices parce qu'un paysan épuisa toute sa science en lui demandant *pourquoi il soufflait dans ses doigts lorsqu'il avait froid et qu'il soufflait sa soupe lorsqu'elle était chaude.* »

Ses œuvres, recueillies longtemps après sa mort par l'éditeur Vanackere et publiées sous le titre de : *Etrennes tourquennoises et lilloises*, puis, en 1856, sous celui de : *Chansons et Histoires facétieuses et plaisantes*, avec une préface par M. Em. Chasles, jouissent encore d'une grande popularité.

« Brûle-Maison a bien mérité de ses semblables. Il les a fait rire pendant quarante ans. Quand il arrivait sur une place de Lille ou des environs, quand il avait fiché une maison de cartes et mis le feu au petit édifice (ce qui lui a valu le sobriquet de Brûle-Maison), la foule accourait au signal; elle désertait les tréteaux voisins. C'était plaisir de voir ce joyeux compagnon. Ses grimaces, ses

(*) *Cotigny*, suivant l'acte de baptême et celui du mariage (1er juillet 1706) avec Marie-Thérèse Gouvion, et *de Cottignies*, d'après l'acte de décès.

gestes, sa voix, l'art consommé avec lequel il chantait ses vers patois ou racontait quelques joyeusetés, lui avaient conquis tous les cœurs. »

(Em. Chasles.)

« Original toute sa vie, dit un de ses biographes, il voulut l'être encore à sa mort : il habitait une petite maison sur la place du Théâtre ; l'escalier en était tellement étroit qu'il ne permettait d'introduire aucun meuble dans le *trou qui lui servait de chambre*. Peu de temps avant sa mort, il fit appeler un charpentier, l'obligea de construire son cercueil sur place, et le jour de son enterrement, au grand ébahissement des spectateurs, on fut forcé de le descendre par la fenêtre. »

Plusieurs toiles nous ont transmis les traits du célèbre chansonnier lillois. L'une d'elles, signée L. Watteau, est au musée Benézech, à Valenciennes ; une autre, provenant de la famille Vanackere, est au musée archéologique de la ville de Lille ; une troisième, due, dit-on, au pinceau d'un ancien amateur lillois, M. D'Engremont, appartient actuellement à M. Desrousseaux, auteur des *Chansons et Pasquilles Lilloises*.   (X***.)

DIXIÈME GROUPE

(XVIIIe SIÈCLE)

Siège de 1792.

Drapeau du siège de Lille, en 1792.

Tambours et fifres républicains.

Canons d'honneur décernés, en 1803, par le Premier Consul, aux Canonniers de Lille, en récompense de leur belle conduite pendant le siège de 1792.

Pelotons de volontaires (infanterie).

Char portant un trophée d'artillerie et la reproduction de la colonne élevée sur la place d'armes de Lille, en commémoration du siège glorieux de 1792. Ce monument est entouré de canonniers bourgeois et de gardes nationaux en uniforme du temps.

INDICATION HISTORIQUE.

Au commencement de septembre 1792, l'armée du duc Albert de Saxe-Teschen se concentre sur Lille; tout fait présager un siège dont l'issue peut décider des destinées de la France. En effet, la prise de Longwy (23 août), celle de Verdun (2 septembre), ont jeté un doute affreux dans les esprits; que Lille, à son tour, ouvre ses portes à l'ennemi, et le *sauve qui peut* de la trahison se propage par toute la France, et le cœur de la patrie reste complétement à découvert devant l'épée des souverains coalisés.... Le 29 septembre, Albert de Saxe-Teschen s'établit devant la ville avec une formidable artillerie et la somme de se rendre, en menaçant les habitants de ruine et de mort, s'ils osent résister. La municipalité de Lille répond simplement à cette impérieuse sommation : « Nous venons de renou-« veler notre serment d'être fidèles à la nation, de « maintenir la liberté et l'égalité ou de mourir à « notre poste... Nous ne sommes pas des par-« jures!... »

Sept jours de bombardement, quarante mille coups de canon, sept mille bombes, un tiers de la ville broyé, réduit en cendres, telle fut la réplique du prince autrichien; mais les défenseurs de Lille, et surtout ses canonniers bourgeois, firent si vigoureusement leur devoir, que l'ennemi se vit forcé de lever le siége. La nation sentit toute la portée de cette brillante initiative, de ce premier exemple d'héroïque résistance donné par une place frontière. Sa gratitude et son admiration se manifestèrent dans tous les départements, par des adresses envoyées aux Lillois. Quelques villes tinrent à honneur de donner le nom de *Lille* à certaines de leurs places et de leurs rues. Enfin, dans sa séance du 12 octobre 1792, la Convention nationale vota ce décret à jamais mémorable : *Les citoyens de Lille ont bien mérité de la patrie !*

Cinquante-trois ans plus tard, en mémoire du siége de 1792, la ville de Lille inaugura le beau monument qui s'élève aujourd'hui au centre de sa place d'armes.

En 1803, le Premier Consul ayant visité la ville de Lille, décerna aux canonniers lillois deux pièces de canon d'honneur, en récompense de leur belle conduite pendant le siége de 1792; il les dota en outre d'un magnifique hôtel qu'ils occupent encore aujourd'hui.

Le corps des canonniers de Lille fut institué en 1483, et, pendant près de quatre siècles, ils ont défendu la ville dans tous les siéges ou attaques qu'elle a eus à subir.

HENRI BRUNEEL.

Lille, Imp. Boremans

www.ingramcontent.com/pod-product-compliance
Lightning Source LLC
LaVergne TN
LVHW011455180726
843503LV00009BA/4139

CHARLES BEAUQUIER

LES

MUSICIENS FRANC-COMTOIS

DOLE

VERNIER-ARCELIN, ÉDITEUR

—

1887

LES MUSICIENS FRANC-COMTOIS

I

La création d'une école de chant à Dijon, dès le huitième siècle a été vraisemblablement le point de départ des progrès de la musique en Franche-Comté.

Il va sans dire que c'était le chant ecclésiastique qu'on enseignait dans cette école. Nous doutons fort qu'il y en eut d'autre à cette époque où l'art musical, comme tous les autres arts, du reste, n'était pas encore sécularisé, aujourd'hui on dirait laïcisé.

Charlemagne, le grand protecteur des sciences, l'initiateur de la culture intellectuelle dans ces temps de barbarie, avait fait venir de l'Italie, de la célèbre école fondée à la fin du VIᵉ siècle, par le pape Grégoire, toute une légion de professeurs de chant qu'il avait installés sur des points nombreux du territoire. C'est ainsi que l'église de saint Bénigne de Dijon qui jouissait d'une grand renommée fut dotée d'une école de musique religieuse.

Le plain-chant, le chant ecclésiastique, constituait alors, comme nous l'avons dit, toute la musique. Issu directement des modes de l'antiquité grecque, sorte de déclamation mélodique, non rythmée, il présentait des tonalités tout à fait différentes des tonalités modernes et de plus se prêtait très difficilement à l'harmonisation. Aussi toute l'histoire de la musique consiste-t-elle pour ainsi dire dans les essais successifs qui ont été faits pour harmoniser le plain-chant.

Mais déjà au huitième siècle, ce plain-chant qu'on enseignait à l'Ecole de Dijon n'était plus le chant aride et monotone des premières époques. On commençait à agrémenter la mélopée religieuse d'une espèce d'harmonie qu'on appelait *organum* ou *diaphonie* et qui semblerait singulièrement barbare aux oreilles de nos dilettantes d'aujourd'hui. Toutefois, c'était un progrès, ou du moins un effort pour briser la forme hiératique dans laquelle l'art menaçait de se pétrifier.

A partir de ce moment les innovations se succèdent sans interruption et à des périodes toujours plus rapprochées ; c'est à qui apportera sa pierre à l'édifice. Les Musiciens de notre province ne demeuraient pas étrangers à ce mouvement.. Ainsi au dixième siècle, un moine de l'Abbaye de Baume, *Odon*, qui fut plus tard abbé de Cluny écrivit un Traité complet sur la musique (Dialogus de Musica), dont il traça les règles ; il donnait en même temps des exemples à l'appui de ses leçons en composant des hymnes et des antiennes.

Avec Odon nous touchons à une époque de véritable révolution dans la musique, révolution que notre Baumois avait peut être contribué à préparer ; nous voulons parler de la réforme introduite dans le chant Grégorien par le célèbre Gui d'Arezzo, qui inventa le contre point, c'est-à-dire l'art de chanter à plusieurs voix (1).

A partir de cette date l'art musical entre dans une ère nouvelle. Les écoles, les chapelles se multiplient. La Bourgogne (qui comprenait notre Franche-Comté) ne demeure pas en arrière. Nous voyons que sous ses souverains, les comtes ducs, au XIV° et XV° siècle, l'art des sons était fort en honneur. La Ste Chapelle de Dijon était réputée au loin pour la qualité de la musique qu'on y exécutait. Jean-sans-Peur et Philippe-le-Bon possédaient un véritable « corps » de musiciens sous la direction d'un chef qu'on appelait *Clerc de Musique*. Un document du temps nous apprend que cette chapelle se composait de douze *Ménestriers*, de six *Harpeurs*, de haut-bois, de trompettes, etc. (2).

Charles le Téméraire avait non-seulement un goût très vif pour les « chanteries » mais il se piquait de composer. Si l'on en croit un de ses biographes il serait l'auteur du chant de plusieurs chansons « *bien notées* ». Nous savons d'autre part qu'il entretint sa vie durant des relations suivies avec le célèbre *Guillaume du Fay*, abbé de Caen.

---

(1) Dans le contrepoint l'harmonie suit le chant note pour note (point contre point). C'est comme un seul chant à des intervalles différents, doublant, triplant ou quadruplant le premier.

(2) Nous devons ces renseignements à M. Bernard Prost, notre érudit compatriote, qui a mis gracieusement à notre disposition de nombreuses notes pour cette étude.

En 1385, la duchesse de Bourgogne, Marguerite de Flandre, se
rendant en pèlerinage à St-Claude, y acheta pour son plus jeune
fils une *trompe* et trois *floges* (flageolets). Ce qui prouve, en passant,
que les fabricants de sifflets de St-Claude ont des ancêtres d'une
respectable ancienneté.

Le goût de la musique s'était comme nous l'avons dit, partout répandu. L'Eglise métropolitaine de Besançon, entre toutes les autres
se distinguait par l'excellence de sa maîtrise que dirigeaient de savants
musiciens comme les chanoines *Hugues Folain* (1) et *Grossetête* (2) des
Comtois, qui avaient été chantres de la Chapelle Pontificale, à Rome
et qui tenaient à honneur de maintenir la réputation de cette illustre
école de chanteurs. Un document intéressant découvert par notre
savant bibliothécaire de Besançon, nous montre ces chanoines appe-
lant en consultation musicale le célèbre Guillaume-du-Fay, dont nous
parlions tout à l'heure. Ce compositeur qui se trouvait à la cour de
Charles le Téméraire à Dijon, vint à Besançon pour donner son avis
qu'on lui avait demandé, sur la tonalité d'une antienne *[O quanta exul-
latio angelicis turmis]*. Il s'agissait de savoir si l'antienne était du 2ᵉ
ou du 4ᵉ ton. Du Fay se prononça pour le deuxième.

Les autres églises de Franche-Comté, suivant l'impulsion et l'exemple de la métropole se faisaient gloire, quoique simples églises collé-
giales de leurs *Choriaux*, de leurs *ténoristes* et de leurs organistes.
Dole, Poligny, Gray, la Chapelle de Nozeroy des sires de Chalons
étaient réputés pour leur exécution musicale, ainsi que quelques
églises abbatiales telles que St-Paul de Besançon, l'église de Baume
et celle de St-Claude dans la Montagne. On trouve à cette époque
de nombreuses fondations de messes en musique, *de messes à notes*,
comme on disait alors.

II

Au commencement du XVIᵉ siècle, la Franche-Comté eut l'honneur de donner naissance à un compositeur qui a son nom marqué

_____

(1) Hugues Folain était en 1437 et 1439 notaire apostolique et chantre chapelain de la chapelle pontificale (Haberl Iahrschrift für musical wissenschaft
1ʳᵉ année 1885.) Il fut doyen de l'Eglise de Besançon de 1461 à 1476, année de
sa mort. (Notice de M. Castan 1864.)

(2) Pierre Grossetête, chantre de la Chapelle Pontificale (1436). En 1440 il
fut nommé chanoine à Besançon. Son nom est écrit tantôt en latin (*Grossica-
pitis*), tantôt en français. (Notice de M. Castan.)

dans l'histoire de l'art. Nous voulons parler du Bisontin *Goudimel* qui fut le maître de Palestrina.

Nous possédons malheureusement peu de détails sur la vie de ce célèbre musicien, dont la nationalité, l'origine et jusqu'au nom ont pu être pendant quelque temps contestés (1) Mais des documents certains établissent aujourd'hui qu'il était fils d'un boulanger de Besançon et qu'il naquit dans cette ville vers 1510 (2).

Ainsi que tous les grands musiciens de ce temps, Goudimel, lui aussi, fit son pélerinage à Rome, alors la capitale musicale du monde, et l'on assure même qu'il y fonda une école dont Palestrina, plus tard, fut un des élèves (3). Si ce fait est discuté, on est d'accord pour reconnaître que Goudimel comme jadis Guillaume du Fay, comme Folain, comme Grossetète et tant d'autres, fit partie de la Chapelle pontificale des Chanteurs du pape. Son nom est mentionné vers 1578 avec celui d'autres illustrations musicales, *Jean Petit* et *Festa*. Quelques-uns affirment même qu'il fut le directeur de cette renommée chapelle.

De Rome Goudimel s'en vint à Paris. Il s'y trouvait en 1554 et y fit imprimer plusieurs recueils de musique.

Ce fut vraisemblablement vers cette époque qu'il harmonisa les psaumes de David, traduits en vers par *Marot*.

Ce n'était pas, comme on pourrait le supposer un ouvrage qui sentait le fagot. La Sorbonne avait approuvé cette traduction et les catholiques les plus orthodoxes chantaient ces psaumes. Dans l'édition qu'il en publia, Goudimel avait inséré en tête les lignes suivantes : « Nous avons adjousté au chant des psaumes, en ce petit volume, trois parties : non pas pour induire à les chanter en l'Eglise, mais pour s'esjouir en Dieu particulièrement ès maisons. Ce qui ne doit

---

(1) On rencontre son nom écrit tantôt *Godimel*, *Gaudimel*. *Guidomel*, *Jodimel* *Jodrimel* ou *Jodimey*, Liberati l'appelle *Gioudiomelle* de Thou *Gaudimelus*. Quelques-uns ont soutenu qu'il était Flamand, comme la plupart des notables musiciens de ce temps ; d'autres l'ont fait naître à Vaison petite ville du Comtat d'Avignon.

(2) La préface d'un recueil de messes éditées par lui en 1554 est signée : *Claudius Godimelus Vesontinus*. On rencontre en outre un livre de chansons publiées en 1586 avec ce titre, *Chansons recueillies et revues par Claude Gaudimel natif de Besançon.*

(3) On ajoute à ce nom illustre ceux d'autres musiciens connus tels que Merle, Bettini, et quelquefois même Moralès. C'est vers 1540 que Palestrina serait venu étudier à l'école de *Goudimel.*

pas être trouvé mauvais, d'autant que le chant duquel on use en l'Eglise demeure en son entier comme s'il était seul. »

En 1557 et 1558 Goudimel composa un certain nombre de messes qui furent éditées. Il s'essaya aussi avec succès dans un genre très goûté à cette époque et qu'on appelait le « Madrigal ». En poésie, le Madrigal dont Boileau a dit « qu'il respire la douceur, la tendresse et l'amour », était primitivement et selon toute vraisemblance une chanson érotique. Certains étymologistes font venir ce mot de *Madrug* qui signifie en Espagnol « se lever de bon matin ». On appelait donc « *Madrigal* » une aubade que les amoureux chantaient à leurs maîtresses pour les éveiller.

Au point de vue musical, le Madrigal ne se ressentait en aucune façon de cette gracieuse origine : C'était une composition savante, sans mélodie, à plusieurs parties en contrepoint, comme toute la musique du temps : La fugue ou l'imitation y dominait, c'est-à-dire la reproduction du même chant à des distances et à des intervalles différents. Pour la sévérité du style, le Madrigal ressemblait au motet. Du reste à l'époque de Goudimel, comme avant lui, on ne connaissait qu'une seule espèce de musique, qu'elle fut écrite sur des paroles religieuses ou sur des paroles profanes, c'était le chant d'Eglise. La musique de danse elle-même en différait peu. De là cette facilité de substitution qui nous paraît si étrange aujourd'hui et qui permettait de chanter des messes sur des airs rappelant des paroles fort légères, souvent obscènes, mais qui avaient l'avantage d'être dans la mémoire de tous les fidèles.

Goudimel, on ne sait pour quel motif, après s'être fait connaître par ces savantes compositions, quitta Paris et s'en vint habiter Lyon.

Il avait alors abjuré le catholicisme et s'était rallié aux nouvelles doctrines de la Réforme. Nous ignorons les circonstances qui amenèrent cette conversion; mais ce que nous savons, c'est que lors de la St-Barthélemy, qui eut son contre-coup dans plusieurs villes de France, il fut tué avec treize cents autres Calvinistes et que son cadavre fut jeté dans la Saône (1572) (1).

Notre illustre musicien Comtois a composé un nombre considérable d'ouvrages dont plusieurs nous sont restés. On connaît plus de

(1) Bulletin historique et littéraire du protestantisme français (août 1885.)

dix messes écrites par lui et au moins soixante et dix chansons profanes sans compter les motets et les cantiques. Les psaumes de Marot devenus les chants habituels des Protestants avaient mis le comble à sa réputation et lui avaient acquis une popularité dont aucun musicien français n'avait joui encore (1).

Mais au dire des connaisseurs ses Odes d'Horace a quatre parties doivent être considérées comme son œuvre capitale (2).

Il est très difficile de porter un jugement sur la musique de Goudimel. En effet, lorsque des musiciens modernes l'exécutent, on ne peut pas exactement savoir si elle a été bien transcrite et si elle est interprétée dans le mouvement qu'avait voulu le compositeur. Au XVIe siècle, et même beaucoup plus tard, les musiciens n'indiquaient sur leurs œuvres ni les mouvements, ni les nuances et comme le rythme qui forme le dessin fait à peu près complétement défaut, l'exécutant est uniquement livré à son instinct. En dépit de l'habilité des artistes, qui l'an dernier firent entendre aux membres de la Société Comtoise « les gaudes » deux ou trois morceaux profanes de Goudimel, nous doutons fort que les auditeurs aient été charmés (3). Cette musique de contre point où chaque partie suit note pour note le chant, a quelque chose de heurté, de saccadé, de haletant qui déroute notre conception moderne du beau musical. Comme nous ne parlons que de ce que nous avons entendu, nous ne faisons aucune difficulté de reconnaître que la musique de Goudimel possède peut-être néanmoins des beautés que nous n'avons pas été à même d'apprécier. Du reste le célèbre critique Allemand Ambros dont nous ne saurions contester la compétence s'exprime ainsi au sujet du compositeur Franc-Comtois :

« Les travaux de Goudimel, dit-il, ont un attrait tout particulier, un charme plein de grâce, quelque chose de tendre, presque de féminin (trait qu'il partage avec Festa) qu'on reconnaît surtout en les comparant aux compositions viriles et vigoureuses de Moralès et d'Arcadelt. Lorsque ce trait se trouve dans l'œuvre de Palestrina, il est dû à son maître.

. . . .

« Goudimel était animé au plus haut degré du sentiment du beau.

(1) On compte plus de 150 de ses psaumes. Les premiers parurent à Lyon en 1555.

(2) Nous citerons encore de Goudimel : *les amours* de Ronsard (à quatre parties) et dix neuf chansons spirituelles sur des poésies de Marot, ouvrages indépendants des psaumes dont nous avons parlé.

(3) Les exécutants se composaient de MM. Ratez, Tiersot attaché à la Bibliothèque du Conservatoire, de Beaujeu, Chevillard, etc.

Il n'y a pas de composition plus entraînante que le trio *Et resurrexit*, dont le ténor est empreint d'une exaltation juvénile et d'un sentiment surabondant ou le *Benedictus* à tro s voix de la même messe, qui ne le cède en rien au *Benedictus* de la *missa brevis* de Palestrina.

....

« Sa messe *le bien que j'ai* est parfaite et en même temps d'une facture plus rigoureuse que ne sont ordinairement les compositions de Goudimel. Les messes *sur le pont d'Avignon* et *tant plus je mets*, sont des travaux dignes du maître.

« Les motets de Goudimel comme celui à quatre voix, *quidnam multiplicati* ou celui à six voix *crux benedicta* ont un air de famille avec ceux de Palestrina.

« Au nombre des compositions les plus brillantes et les plus belles, il faut compter son *salve regina*, vraiment remarquable, comme en général les œuvres de Goudimel par la pureté de l'harmonie; les successions de quintes sont absolument évitées, qualités que Palestrina a héritées de lui.

Il est vrai que Berlioz n'est pas tout-à-fait du même avis que le musicographe allemand; voici ce qu'il dit dans ses mémoires (1), non pas précisément de Goudimel, mais de son illustre élève Palestrina. Cette critique doit s'appliquer *à fortiori* au compositeur Franc-Comtois.

« Dans ces psalmodies à quatre parties où la mélodie et le rythme ne sont point employés, et dont l'harmonie se borne aux accords parfaits entremêlés de quelques *suspensions*, on peut bien admettre que le goût et une certaine science aient guidé le musicien qui les écrivit ; mais le génie ! Allons donc, c'est une plaisanterie !

« En outre les gens qui croient encore sincèrement que Palestrina composa ainsi à dessein sur les textes sacrés et mû seulement par l'intention d'approcher le plus possible d'une pieuse idéalité, s'abusent étrangement. Ils ne connaissent pas, sans doute ses madrigaux, dont les paroles, frivoles et galantes sont accolées par lui cependant, à une sorte de musique absolument semblable à celle dont il revêtit les paroles saintes. Il fait chanter par exemple : *Au bord du Tibre, je vois un beau pasteur dont la plainte amoureuse, etc.* par un chœur lent dont l'effet général et le style harmonique ne diffèrent en rien de ses compositions dites religieuses. Il ne savait pas faire d'autre musique, voilà la vérité ; et il était si loin de poursuivre un céleste idéal, qu'on retrouve dans ses écrits une foule de ces sortes de logogriphes que les contre-pointistes qui le précédèrent avaient mis à la mode et dont il passe pour avoir été l'antagoniste inspiré. Sa *missa ad fugam* en est la preuve.

« Or, en quoi ces difficultés de contre-point si habilement vaincues qu'on les suppose, contribuent-elles à l'expression du sentiment religieux ? En quoi cette preuve de la patience du tisseur d'accords annon-

(1) Pages 233 et suivantes.

ce-t-elle en lui une simple préoccupation du véritable objet de son travail ? En rien, à coup sûr L'accent expressif d'une composition musicale n'est ni plus puissant, ni plus vrai, parcequ'elle est écrite en canon perpétuel, par exemple ; et il n'importe à la beauté et à la vérité de l'expression que le compositeur ait vaincu une difficulté étrangère à leur recherche; pas plus que si en écrivant il eut été gêné d'une façon quelconque par une douleur physique ou un obstacle matériel. »

Nous avouons en toute sincérité qu'entre le critique allemand et l'auteur de la « *Damnation de Faust* », nous inclinons plutôt vers ce dernier. Nous n'irons pas néanmoins jusqu'à dire avec lui que les contre-pointistes Goudimel et Palestrina, et que Palestrina lui-même ne méritent pas le nom de compositeurs « parce que leur art est trop enfantin ». Goudimel, Palestrina, ainsi que tous les grands artistes d'autrefois, ont été ce qu'ils pouvaient être, des hommes de progrès, désireux de mieux faire que leurs devanciers et qui y sont parvenus. Mais naturellement ils n'ont pas pu écrire de musique en dehors de celle qui était seule connue, comprise et possible de leur temps. Leur reprocher la simplicité des moyens qu'ils ont employés, l'indigence de leur harmonie, équivaut à leur faire un grief d'avoir vécu au XVI⁰ siècle. Il est probable que Berlioz, dans deux cents ans, sera jugé aussi sévèrement qu'il juge ses ancêtres. Le beau musical, pas plus que les autres genres de beautés, ne saurait prétendre à la durée infinie. Il y a une mode dans les arts, et si elle n'est pas aussi variable que dans les costumes, elle est néanmoins très facile à constater.

Pour terminer avec Goudimel, nous dirons qu'il n'était pas seulement un excellent musicien, mais un homme très instruit, un savant et un lettré délicat. Il suffira, pour s'en convaincre de jeter les yeux sur les deux lettres ci-après de sa correspondance avec le poète Mélisse. On y trouvera au surplus quelques détails biographiques qui ne sont pas sans intérêt :

« A Paul Mélisse, poète couronné (1).

« Je t'envoie la seconde partie de ta poésie que j'ai mise en musi-

---

(1) Le vrai nom de ce Mélisse correspondant de Goudimel est Paul Schede de Melrichstal mort à Heidelberg le 3 février 1602. Ces lettres sont insérées en latin dans le *Schediasmatum reliquiæ* 1575.

que aussi bien que le temps me l'a permis. Accepte-la avec la même
bienveillance avec laquelle elle t'est offerte. Si j'avais eu plus de temps
je l'aurais mieux faite et limée davantage. Sache que pour la mettre
en bon état, j'y ai employé toute la journée d'hier ; mais c'est le sort
des mortels de se tromper, surtout lorsqu'ils veulent faire trop vite.
Si tu trouves quelques fautes, il t'appartient de les corriger, car je
préfère montrer mon ignorance, plutôt que de manquer à un homme
tel que toi. Attends de moi tout ce qu'on peut demander à un ami.
Salue en mon nom Truchetus, Comes et Brunellus. Adieu mon Mélisse. (Ecrite le dernier novembre 1570). A toi jusqu'à la mort.

« Claude Goudimel. »

« A PAUL MÉLISSE.

« Mon doux Mélisse, j'ai reçu tes deux lettres et le *Symbole*, en
même temps que les élégantes poésies, faites en ma faveur et que
quelques savants ont trouvées excellentes.

« Excuse-moi, si je ne t'ai pas répondu de suite, mais j'étais empêché par de nombreuses occupations au sujet d'argent prêté à X... et
qui m'a occasionné les plus grands désagréments, au point que je me
vis forcé d'aller à Besançon où il demeure. Dès que nanti de mon
titre je le sommai, il se boucha tellement les oreilles, que je chantais
à un sourd ou à un mort. Je le fis citer en justice, il comparut, et
nous plaidâmes durant deux mois, non sans grands ennuis. Enfin
lorsque de part et d'autre la cause fut suffisamment discutée, l'arrêt
fut rendu à son détriment, de manière qu'il perdit le procès, tandis
que je vis mes vœux accomplis. Ceci fait, je quittai Besançon pour
me rendre à Lyon, mais j'eus à peine aperçu les murs de cette ville
que je fus pris d'une fièvre pernicieuse et fort dangereuse qui me
tourmenta et me secoua trois mois entiers de la manière la plus éton-
nante.

« Telle est la cause pour laquelle je n'ai pas encore pu mettre en
musique le *Symbole* ; mais dès qu'avec l'aide de Dieu, j'aurai quitté
mon lit, et que mes forces seront revenues, je prendrai de nouveau la
plume et j'y épancherai tout l'art dont les Muses m'ont gratifié. Adieu
bien-aimé Mélisse, conserve-moi ton affection, comme par le passé.
Encore une fois adieu.

« Claude Goudimel. »

Parmi les nombreuses pièces de vers, tant en latin qu'en français
qui furent écrites à l'occasion de la mort du musicien franc-comtois,
nous citerons la suivante pour montrer en quelle estime il était tenu
par ses contemporains :

Combien est l'homme heureux qui perdant cette vie,
La trouve dans les cieux. Combien doit s'esjouir
A qui Christ avec soy donne pour en jouir
Une vie tirant une gloire infinie !
De ce monde la rage et fureur ennemie,
Envahit meschamment (ò triste souvenir)
Goudimel le divin qui nous faisait ouir
Odes du grand David en céleste harmonie.
Vi, maugré le gosier venimeux et cruel
Du LYON infernal, saint chantre Goudimel.
Je te voy maintenant dans l'angélique bande
Mariant à ta voix les louanges de Dieu.
Entre les bons tu vis en ce ténébreux lieu,
Leur laissant à jamais tes psalmes pour offrande.

Tel fut le célèbre compositeur dont notre Franche-Comté a le droit d'être fière et qui est à Palestrina, dans le domaine musical ce que le Perugin est à Raphaël dans le domaine de la peinture.

Ce nom rayonnant de Palestrina est lié à un autre personnage de notre pays, à Guillaume de Poupet, abbé de Baume. Celui-ci, fut, dit-on, l'ami et le protecteur de l'illustre italien, comme Bonvalot fut le protecteur d'un autre musicien de cette même époque, Claude Boni de Poligny dont nous allons dire quelques mots.

Claude Boni, chanteur et violoniste, n'était pas un simple virtuose : Grâce à une solide instruction, il s'était fait recevoir maitre ès-arts à l'université de Paris. La musique, à cette époque, était enseignée au même titre que la théologie. C'était une science officielle au nom de laquelle les professeurs conféraient des diplômes. Aujourd'hui encore, du reste, certaines universités d'Angleterre et d'Allemagne font des docteurs en musique.

Notre compatriote François Bonvalot, ambassadeur de Charles-Quint auprès de la cour de France de 1531 à 1532, avait été charmé du talent de Boni et l'avait attaché à son service. C'est le même Bonvalot qui devint plus tard administrateur de l'archevêché de Besançon.

Le protecteur et le protégé ne demeurèrent pas toujours, parait-il, en bonne intelligence. Ils furent même en procès, nous ne savons trop à quel propos. Toujours est-il que l'ambassadeur accusa son musicien ordinaire de s'être rendu coupable de deux tentatives de viol et

d'avoir été soigné pour des maladies honteuses ! Ces détails peu ho-
norables pour Boni se trouvent dans des pièces de procédure de
l'époque.

Nous voyons par « Guillaume de Poupet » et « François Bonvalot »,
que la musique était particulièrement en faveur dans les hautes classes
de la société comtoise. Elle était enseignée aux jeunes nobles. Les seigneurs qui protégeaient les artistes ne dédaignaient pas de composer
eux-mêmes « d'excellentes et d'harmonieuses chansons dans le style
d'Orlando, de Goudimel ou de Palestrina. Nous en trouvons une
preuve curieuse dans un petit livret de musique daté de 1579 et signé
Corneille de Montfort (1).

Ces chansons à quatre parties, dénotent chez leur auteur une véritable science dans l'art de combiner les sons. Corneille de Montfort
était vraisemblablement franc-comtois puisque la dédicace de son livre
datée de St-Amour (Jura) est adressée à l'illustre et très vertueuse
dame Gabrielle de Dinteville, baronne de Bohan (2) dame de Cres-
cia, Dammartin, Loysia, la Byollée (3), etc.

Parmi les chansons contenues dans ce volume, il en est une qui
porte pour titre : « *Epithalame à M. le Baron de St-Amour*. Notre
noble compositeur était sans doute le seigneur de l'ancien chateau
de Montfort dont on aperçoit actuellement les ruines au sommet
d'une montagne, à la limite du département de l'Ain et du département
du Jura entre Treffort et Coligny.

Un autre musicien comtois, contemporain du maitre de Palestrina
dont il n'atteignit pas la hauteur, mérite cependant d'être signalé,
c'est *Jean-Baptiste Bésard*.

Bésard naquit à Besançon en 1570, deux ans à peine avant la mort
de Goudimel. Il était comme lui fils d'un boulanger. Son père appar-
tenait à une famille originaire de Jussey (Haute-Saône). Il tenait bou-
tique sur la place St-Pierre.

(1) Voici le titre complet de cet intéressant document qui nous a été com-
muniqué par M. Julien Tiersot : « jardin de musique semé d'excellentes et
harmonieuses chansons, mises en musique à quatre parties par Corneille de
Montfort dit de Blockland gentilhomme Stichtois, à Lyon par Jean de Tournus
imprimeur du roi 1579. »

(2) C'est le nom d'un château actuellement en ruine dans le Revermont
Ain).

(3) Probablement le hameau nommé le Biollet, dans les environs de St-
Amour. Cressia et Loysia sont situés dans la même région.

Comme Goudimel il fit lui aussi, son pélerinage à Rome où il séjourna quelque temps. Ce fut là qu'il s'éprit d'une véritable passion pour le luth, après avoir entendu jouer Lorenzini qui devint son maître. Cet instrument complètement démodé aujourd'hui et dont personne ne se sert plus, avait vingt-quatre cordes. Sa forme s'arrondissait en dessous comme celle de la mandoline et le manche était renversé. Huit des cordes se trouvaient en dehors de ce manche et ne se touchaient qu'à vide. Le luth était alors un instrument aussi répandu que le fut au commencement de notre siècle la guitare.

Bésard, aussi bien que Goudimel et Boni avait reçu une solide instruction ; il était docteur en droit et médecin. Bien que « citoyen de la ville de Besançon », il ne parait pas avoir résidé souvent dans son pays natal. En quittant Rome il se rendit à Cologne et ensuite à Augsbourg où il fit paraître un livre bizarrement intitulé : *Antrum philosophicum in quo pleraque physica quæ ad vulgariores humani corporis affectus attinent, etc.*, 1617. En 1603 il avait édité un recueil de morceaux pour le luth : *Thesaurus harmonicus*. Ce « trésor » ne se composait que des airs de l'époque arrangés pour son instrument favori. Il entreprit aussi une méthode pour le luth et la dédia à Philippe de Navarre, prince d'Orange « Vicomte de Besançon ».

En 1617, la même année, paraissait sous son nom un nouveau recueil de vingt-quatre morceaux : *oncertationes musicæ*.

Voilà tout ce que nous savons de lui.

Nous ne sommes guère mieux renseignés sur les trois autres musiciens Comtois qui suivent :

Désiré Poncet de Salins qui fut maître de Chapelle du Prince d'Orange et qui traduisit et mit en musique douze psaumes, publiés à Anvers en 1611 ; *Pierre Deschamps* et *Jean Millet*.

Pierre Deschamps (de Campis), né à Besançon, qu'on rencontre en 1632 chapelain de la Cour de l'Archiduc Albert de Belgique, était connu au loin pour sa science de chanteur et pour sa magnifique voix. L'historien franc-comtois de Chifflet raconte que lorsque Ferdinand d'Autriche, le cardinal infant, prit possession du palais de Bruxelles. après la mort de l'archiduc Albert, au mois de novembre 1634, il s'informa de de Campis le *Bourguignon* demandant s'il chantait toujours bien, et il ajouta que la renommée de notre compatriote avait pénétré jusqu'en Espagne.

Jean Millet naquit vers 1620 à Fondremans (Haute-Saône). Elève de la maîtrise de l'Eglise métropolitaine de Besançon, chanoine et sur-chantre, il se fit connaître par plusieurs œuvres de musique religieuse. En 1666 il publia sous les auspices de l'archevêque Antoine, Pierre de Grammont un *Directoire du chant Grégorien* et, la même année à Besançon *la belle méthode, ou l'art de bien chanter, avec quelques airs composés par l'auteur* ».

Il mourut vers 1682.

III

Avec *Michel Blavet* nous entrons dans le dix-huitième siècle.

Blavet était né à Besançon en 1700, le 5 mars, dans la rue St-Paul. Son père tourneur sur bois, le destinait à sa profession. Mais l'enfant montrait un si grand goût pour la musique, que ses parents furent obligés de céder à cette impérieuse vocation. Du reste, un grand seigneur, le duc de Lévis qui lui avait entendu jouer de la flute. proposa de l'emmener à Paris et de le faire entrer à l'orchestre de l'opéra. Il se chargea de son éducation musicale. Blavet en profita de manière à faire honneur à son bienfaiteur. Bientôt il eut la réputation d'être le premier flutiste d'Europe. Appelé à se faire entendre en Allemagne, il y fut fort apprécié par un fin connaisseur, le prince de Prusse plus tard le grand Frédéric.

Celui-ci aussi orgueilleux comme on le sait de ses triomphes de flutiste que de ses conquêtes, fit les plus belles promesses à Blavet pour l'attacher à sa personne. Mais notre compatriote ne put se résigner à abandonner la France pour un aussi long temps. De retour à Paris, ses succès de virtuose ne lui suffisant pas, (il jouait presque aussi bien du basson que de la flute) il se livra avec ardeur à la composition. Le prince de Clermont, dont il était devenu l'hôte, pourvoyait à ses besoins, ce qui lui donnait toutes facilités pour travailler. C'est en 1750 qu'il composa et fit jouer à l'opéra sa pastorale d'*Eglé* (1). paroles de *Laujon* et la *fête de Cythère* opéra en un acte dont le livret avait été écrit par le Chevalier *de Laurès*, ouvrage qui fut représenté à Berny en 1753. Entre temps il était devenu surintendant de la mu-

(1 Une autre *Eglé*. paroles de Laujon, musique de Lagarde fut jouée pour la première fois à l'opéra le 18 février 1751. Blavet aura sans doute composé d'autre musique sur ce livret pour les représentations particulières de l'hôtel de Clermont.

...ique du comte de Clermont, prince du sang. Ce fut pour ce grand personnage, par son ordre et sous ses yeux que Blavet composa le *Jaloux corrigé*, opéra-bouffe en un acte avec divertissements, paroles de Collé et de Florian (1). Cette « bagatelle », comme l'appelle l'auteur lui-même, était jouée par trois personnages seulement. L'un d'eux, la servante Suzon paraissait habillée du côté droit en homme et du côté gauche en femme... La première représentation eut lieu à l'Opéra en 1753. Voici ce que porte l'entête de la partition :

« L'on a parodié dans cet acte dix ariettes, prises de la musique de la *serva padrona* du *Giocatore* et du *Maestro di musica* (2) et le récitatif est fait à l'imitation des Italiens. »

Il n'y avait donc de Blavet dans cette opérette, que le récitatif et le vaudeville final. Pour s'expliquer ce titre singulier, il faut se rappeler qu'à cette date, en 1753 on était au plus fort de la fameuse « Guerre des Bouffons » qui divisait tous les amateurs de musique en deux camps d'irréconciliables ennemis : les partisans de la musique française et ceux de la musique italienne.

Cette même année, Blavet écrivit encore les *Jeux olympiens* ballet composé par le comte de Senneterre.

Notre musicien franc-comtois a laissé en outre d'assez nombreux recueils de pièces pour la flûte, petits airs, Brunettes, menuets, etc... « avec des doubles et variations ». Quelques-uns de ces morceaux sont de sa composition et parmi ceux-ci nous avons remarqué une *Marche pour la grande loge de la maçonnerie*, qui lui fut commandée vraisemblablement par le comte de Clermont, nommé Grand-Maître des Francs-Maçons en 1743. Ces petits morceaux, la plupart sans accompagnement décèlent un musicien au talent gracieux et facile.

Mais si Blavet, comme compositeur, était assez insignifiant, comme exécutant il n'avait pas de rival :

<blockquote>
Quel prestige a rendu mon âme obéissante
Au souffle de Blavet !
</blockquote>

s'écriait dans un accès de lyrisme un de ses compatriotes, l'abbé Talbert. Et il paraît qu'en effet il tirait de sa flûte, des sons d'une incomparable suavité.

---

(1) La Tonelli qui avait débuté à l'opéra dans la *serva padrona* se fit entendre dans cette pièce.

(2) de Pergolèse.

15

Lorsque Blavet mourut en 1768, le 28 octobre, il était directeur de la musique du Prince de Clermont, musicien ordinaire du roi et de l'académie royale de musique.

En dehors du virtuose compositeur dont nous venons de parler nous ne trouvons plus guère à signaler, parmi nos compatriotes durant cette période si féconde cependant en artistes, que deux chanoines et maîtres de musique de la Sainte-Chapelle de Dôle, *Lacurne* et *Amidey*. En 1751, ces deux musiciens publièrent en collaboration un livre de sonates de leur composition.

En 1784, un autre Dôlois, nommé *Escot* reçut de la municipalité de sa ville natale 150 livres de gratification pour la composition d'un motet exécuté à l'inauguration, à Dôle, de la statue de Louis XVI.

Enfin nous arrivons, pour clore dignement le XVIII° siècle, à l'intéressante figure de l'auteur de la *Marseillaise*, à Rouget-de-Lisle.

Ce n'est pas seulement parce qu'il trouva dans un moment d'inspiration patriotique les paroles et la mélodie de ce chant célèbre que nous rangeons Rouget-de-Lisle au nombre des musiciens franc-comtois ; mais notre compatriote était mieux qu'un poète amateur de musique, il a composé plus de cinquante autres morceaux qui ne sont pas sans valeur.

Rouget-de-Lisle naquit en 1760 au château de Montaigu près de Lons-le-Saunier : Son père était avocat au Parlement.

Destiné à la carrière des armes, il entra à l'école spéciale du génie à Mézières et en sortit officier. En 1789, nous le voyons lieutenant en second attaché au fort de Joux, près Pontarlier, sous les ordres du général d'Arçon. Cette même année, il séjourna à Besançon où il composa son premier chant patriotique, un hymne à la Liberté. Ce fut également dans cette ville qu'il fit imprimer ses premiers essais poétiques.

C'est de 1792 que date son fameux chant de l'armée du Rhin, auquel fut donné plus tard le nom de *Marseillaise*, parce que les volontaires marseillais l'avaient adopté.

Tout le monde connaît la légende relative à cet hymne national. Notre compatriote, jeune officier, en garnison à Strasbourg, était reçu souvent chez le maire, le citoyen Diétrich. Un soir (24 avril 1792), à la suite d'un dîner où il avait été longuement parlé des malheurs de la patrie et de l'invasion étrangère qui menaçait la France. Rouget-de-Lisle rentra chez lui sous le coup d'une vive surexcitation intellectuelle. Il prit son violon et improvisa en quelques heures les paroles et la musique de ce chant qui devait avoir la bonne fortune de devenir, à l'égal d'un drapeau, le symbole même de l'amour de la pa-

trie et de la République. Celui qui voudrait porter aujourd'hui un jugement froidement exact sur la valeur musicale de la *Marseillaise* serait fort empêché. Nous ne l'entendons plus qu'à travers nos souvenirs
et toutes sortes d'idées accessoires qu'elle éveille en nous. Le sens
symbolique l'a si bien emporté sur le sens littéral, que cette poésie
guerrière évoquant les images les plus sanglantes et qui se termine par
un appel aux armes, est chantée dans les circonstances les plus paci-
fiques, dans les fêtes du travail, aux distributions de prix, aux inau-
gurations de chemins de fer, aux comices agricoles, etc., toutes cérémonies qui n'ont rien de commun avec la guerre ni avec le soulève-
ment des hommes libres contre la tyrannie. Au point de vue musical,
et pour les mêmes motifs, la critique est déroutée. Aussi sommes-nous
assez disposés à nous en rapporter au jugement d'une contempo-
raine de Rouget-de-Lisle, excellente musicienne, madame Diétrich,
qui vit naître cette œuvre de notre compatriote.

La femme du maire de Strasbourg, entendit la *Marseillaise* alors
que ce chant pouvait être apprécié à sa valeur intrinsèque, c'est-à-
dire avant qu'il eut atteint cette prodigieuse fortune capable d'égarer
aujourd'hui le jugement des hommes les moins faciles à impressionner.
Or, voici ce qu'elle écrivait à son frère quelques jours après cette
soirée dont nous venons de parler :

« Le capitaine du génie, Rouget-de-Lisle, un poète et un compositeur fort aimable, a rapidement fait la musique de ce chant de
guerre, mon mari, qui est un bon ténor, a chanté ce morceau qui est
*fort entraînant et d'une certaine originalité. C'est du Gluck en mieux,
plus vif et plus alerte.* »

Pour se faire une idée vraie du mérite musical de Rouget-de-
Lisle, il faut le juger par ses autres morceaux patriotiques dont il publia un recueil complet en 1825. Comme compositeur, nous pensons
toutefois qu'il ne s'est jamais élevé bien haut.

Il n'en est pas moins vrai qu'un jour il a trouvé la note juste pour
exprimer ce qui était au fond de tous les cœurs enflammés de l'amour
de la patrie. Que de musiciens savants auront disparu du souvenir des
générations alors que ce chant national fera encore vibrer les plus
généreux et les plus nobles sentiments !

Du reste cette note patriotique était bien particulière à notre compatriote puisque c'est à lui encore qu'on doit le fameux refrain au
chant duquel se fit la seconde révolution, celle de 1848 :

Mourir pour la Patrie
Est le sort le plus beau, le plus digne d'envie.

Ces paroles qui terminaient le chant des « Girondins » avaient été empruntées à *son Roland à Roncevaux*. Cet ouvrage un des meilleurs de notre poète musicien, date de la même année que la *Marseillaise* Il est du à la même inspiration et il méritait une égale fortune.

Nous n'en rappellerons que le premier couplet ;

> Où courent ces peuples épars,
> Quel bruit a fait trembler la terre
> Et retentit de toutes parts ?
> Enfant, c'est le cri du Dieu Mars
> Le cri précurseur de la guerre,
> De la guerre et de ses hasards :
>
> Mourir pour la Patrie
> C'est le sort le plus beau, le plus digne d'envie ! (*bis*)

Nous n'entreprendrons pas de raconter la vie de Rouget-de-Lisle elle est certainement connue de nos lecteurs. Nous n'insisterons que sur ce qui concerne plus spécialement le musicien.

Tout le monde sait qu'on a voulu contester à notre compatriote la paternité de son plus beau titre de gloire, la *Marseillaise*. De longues polémiques ont été écrites à ce sujet. Tous les dix ou quinze ans cette question reparaît sous une forme ou sous une autre. Castil Blaze qui a tant de jugements erronés à son actif, a prétendu, un jour que la *Marseillaise* a été empruntée à un chœur de *Sargines* opéra-comique de Dalayrac ; Fétis a exhumé un certain Navoigille au nom duquel il a réclamé l'honneur d'avoir composé notre hymne républicain.

Il y a quelques mois à peine, un écrivain soutenait que ce fameux chant national a été emprunté par son auteur à un *oratorio d'Esther* écrit bien avant la révolution par le maître de chapelle d'une Eglise de St-Omer, nommé Grisons. On avait déjà prétendu que la *Marseillaise* est d'origine allemande ; l'auteur serait tantôt Reichardt tantôt Holtzmann. Boucher a soutenu, dans un livre intitulé : le *Perron de Tortoni*, qu'il est l'auteur de la musique de la *Marseillaise*. Dans quelques années il ne faudra pas nous étonner de la voir attribuer à Wagner : une œuvre de jeunesse, dira-t-on, conçue alors que l'auteur du *Rheingold* n'avait pas encore renoncé à la mélodie, à ce qu'il appela dédaigneusement plus tard la « musique de danse. »

Quoiqu'il en soit, il est certain qu'au moment où parut « le Chant de guerre de l'armée du Rhin », son effet fut indescriptible. Il se répandit comme une trainée de poudre d'un bout de la France à l'autre Composé et chanté d'abord à Strasbourg, les Marseillais qui la même année prirent d'assaut les Tuileries, l'avaient si bien adopté qu'ils lui donnaient le nom sous lequel il fut désormais connu. Détail touchant

de simplicité démocratique, le gouvernement républicain ne sachant comment récompenser l'auteur de ces strophes enflammées qui valaient à elles seules plusieurs bataillons (1) fit savoir à Rouget-de-Lisle qu'il l'autorisait à choisir deux violons comme témoignage de la gratitude nationale.

Parmi les autres compositions de notre Tyrtée franc-comtois, il convient encore de citer : Le « *Chant des vengeances* » intermède militaire dont il écrivit les paroles et la musique et qui fut représenté sur le théâtre des arts, à l'opéra en 1798.

Au nombre des cinquante chants dont il a écrit la musique et souvent les paroles (il n'y en a qu'un dont la musique n'est pas de lui), nous trouvons une romance chevaleresque et royaliste célébrant *Henri IV*. A ceux qui s'étonneraient du caractère politique de cette pièce, nous rappellerons que, même au temps de la *Marseillaise*, Rouget-de-Lisle n'a jamais été qu'un républicain assez modéré, pour parler plus exactement, un royaliste constitutionnel. Il avait refusé d'adhérer au décret prononçant la déchéance du Roi; aussi un beau jour il fut incarcéré pour incivisme. Délivré par les Thermidoriens, il composa un chant en leur honneur, et, pour éviter d'autres désagréments, il donna, aussitôt qu'il le put, sa démission d'officier. La *Marseillaise*, devenue un symbole révolutionnaire, avait singulièrement dépassé le but qu'il s'était proposé en la composant. Il eut à déplorer plus d'une fois, au point de vue de ses intérêts ce retentissant succès. La Restauration refusa impitoyablement les plus modestes fonctions à l'auteur de la *Marseillaise*, et Rouget-de-Lisle avait beau témoigner de son royalisme en criant : *Vive le Roi!* en prose ou en vers (2), rien ne pouvait effacer la tare de cette paternité compromettante. Enfin, sous Louis-Philippe, après 1830, il obtint une modeste pension. C'est alors qu'il vint se fixer à Choisy-le-Roi, où il mourut en 1836. Berlioz raconte dans ses mémoires que vers cette date, ayant instrumenté la *Marseillaise*, il reçut de Rouget-de-Lisle une lettre de remerciments dans laquelle, notre compatriote lui demandait un rendez-vous. L'auteur de *Faust* était en Italie et ne put se rendre à l'invitation du vieux poète. Quant il revint, Rouget-de-Lisle venait de mourir et il apprit que l'auteur de la *Marseillaise* avait désiré le voir pour lui pro-

____

(1) On se rappelle la lettre d'un général de la Convention écrivant de la frontière : « Envoyez-moi ce que vous pourrez de soldats et cent exemplaires « de la Marseillaise je réponds de la victoire. »

(2) Son chant du Jura composé en 1814 commençait ainsi :

Vive le Roi!
Noble cri de la vieille France.

poser un livret de lui, un *Othello* qu'il aurait voulu que Berlioz mit en musique (1)

IV

Après Rouget-de-Lisle, en avançant vers notre époque, nous ne rencontrons plus de musiciens d'une aussi grande notoriété. La plupart de ceux que nous aurons maintenant à mentionner, n'ont guère dépassé le cercle d'une modeste renommée provinciale.

Tel est *Georges Kuhn*, qui naquit à Montbéliard en 1789. Dans l'intervalle, il professa le solfège à Paris, au Conservatoire, et dirigea la musique du temple protestant de la rue des Billettes. Il publia quelques ouvrages sur l'enseignement de son art. On a de lui un *solfège des écoles* (1824), un *tableau de la génération des accords;* un recueil de contrepoints doubles et de fugues scolastiques; des chants à voix-seule et à plusieurs voix, à l'usage du culte protestant (1832); un solfège des chanteurs avec accompagnement de piano ou méthode analytique de musique (1851).

Kuhn mourut à Montbéliard, âgé de 69 ans, le 26 novembre 1858.

Mougin né à Charquemont en 1809, fut organiste, pianiste et compositeur. Etabli à Bourg en 1833, il y professa le chant et le piano. C'est à lui qu'on doit la création de la première école de cette ville qu'il quitta pour se fixer à Dijon. Il a écrit : Une cantate pour chœurs et orchestre qui fut exécutée à Bourg le 24 avril 1843 pour l'inauguration de la statue de Bichat; une messe à quatre voix avec orgue, violoncelle, contrebasse et instruments à vents, exécutée à la cathédrale de Dijon en juin 1852 ; un *Salve Regina* pour voix seule et orgue; des motets inédits ; huit pièces d'orgue 1847, et de nombreux morceaux de piano. Il avait fondé en outre un *journal classique de l'organiste* qui eut dix livraisons.

Les musiciens en renom n'abondent pas à cette époque en Franche-Comté, c'est à peine, du reste, si dans la vieille capitale de la province à Besançon, le goût de la musique commençait à se répandre. A la tête du mouvement se trouvaient des professeurs estimés comme Roncaglio, Rialpo, *Dessirier, Gantz* l'organiste de la cathédrale, tous trois compositeurs à l'occasion. Ce dernier avait fondé une école de chant et d'instruments à laquelle la ville accorda une subven-

---

(1) Rouget-de-Lisle avait écrit jadis un libretto de *Macbeth* dont Chenard composa la musique.

tion de 300 francs par an. Quelques amateurs venaient également en aide à cette utile institution par des souscriptions annuelles.

Un de ces dilettanti, M. *Crestin* (d'Oussières) dirigeait la société philarmonique de la rue St-Antoine et composait des romances qui faisaient les délices des salons bisontins.

Parmi les musiciens comtois de ce temps, nous ne devons pas oublier *Jean-Baptiste Duet* qui naquit à Besançon le 15 janvier 1823 et mourut à Paris le 22 février 1886. Il composa des chants patriotiques et des chants religieux, des romances, des morceaux de piano. Organiste de l'Eglise de saint François-Xavier à Besançon, il abandonna ce poste pour se rendre à Paris où il tint l'orgue à saint Thomas d'Aquin. Pendant trente années il professa le solfège à l'institut des Jésuites de Vaugirard. En 1848, il avait écrit un chant national, *la Bisontine*, croyons-nous, qui eut un assez vif succès à Besançon et qu'on chantait souvent avec les autres airs patriotiques en vogue à ce moment.

A côté de lui, il convient de signaler *M. Dessirier* auteur d'une méthode très ingénieuse de solfège et de notation musicale, qu'il fut autorisé à enseigner au Conservatoire de Paris. Il est mort il y a quelques années. Il avait débuté par professer le chant à Besançon vers 1840.

Depuis quelques années, grâce à la diffusion de l'enseignement musical, les amateurs, les artistes, et même les compositeurs deviennent plus nombreux dans notre contrée. Poligny a fourni M. *Amyon Charles*, élève et lauréat du Conservatoire de Paris, violoniste de talent, organiste et compositeur, (mort en 1879); Lons-le-Saunier a donné *André Simiot*, l'auteur de la chanson des « Bourguignons » qui eut naguères un véritable succès populaire. C'est encore dans le Jura, à Dôle qu'est né un aimable compositeur-amateur, M. *Nestor Ruffier* à qui la société nautique de Besançon doit un de ses chœurs les plus entrainants les « *Mirlitons* ».

Mais c'est à un rang plus élevé que nous devons placer un musicien franc-comtois de pure race qui n'a jamais pu se décider à quitter le pays natal pour apporter sur le marché de Paris ses productions artistiques; nous voulons parler de M. *Raoul Ordinaire*. Ce compositeur s'est essayé depuis près de vingt ans dans tous les genres avec une verve et une abondance qui témoignent de remarquables facultés artistiques. Nous avons sous les yeux le catalogue de ses œuvres, pour la plupart encore manuscrites bien qu'il les ait assez souvent fait entendre à Besançon, soit dans les concerts des sociétés philarmoniques soit au théâtre. Nous sommes émerveillés de la variété qu'elles présentent. Nous y rencontrons une vingtaine de morceaux pour

piano seul et un bien plus grand nombre encore avec accompagnement de violon et de violoncelle. Nous y trouvons du chant, des romances, des chœurs, de la musique de chambre, des morceaux pour
orchestre.... etc. Le tout s'élève actuellement au chiffre considérable
de cinquante-neuf pièces.

M. Raoul Ordinaire appartient à l'École moderne pour la science
et la recherche des nouveautés ; mais cependant il a eu l'esprit de ne
pas rompre absolument avec les traditions mélodiques qui ont été si
longtemps la gloire de notre école Française. Du reste, ceux qui
tiennent à se renseigner sur ses antipathies et sur ses admirations
peuvent le faire avec agrément en lisant un petit livre qu'il publia il
y a quelques vingt ans « Marius et les Teutons » où il a d'une plume
très alerte distribué ses éloges et ses critiques aux musiciens anciens
et nouveaux. Nous supposons bien que l'auteur a comme tout le
monde, un peu modifié depuis, sa manière de voir et que son goût
pour la musique savante est allé en se développant. Mais nous aimons
à croire qu'au fond, et en dépit des théories nébuleuses d'outre Rhin
il est resté fidèle à la musique rhytmée et mélodique. M. *Raoul Ordinaire* fait avec beaucoup de talent encore, aujourd'hui, des comptes-
rendus musicaux dans les journaux de la localité.

Un autre musicien, né également à Besançon, M. *Émile Ratez*.
dont l'œuvre compte déjà une soixantaine de numéros, est connu de
tous ceux qui dans notre province s'intéressent à l'art des sons. Bril-
lant élève de notre école municipale de musique, M. Ratez eut à
Besancon pour professeur MM. Magnus et Demôle, Ce dernier lui
enseigna les éléments de la composition et le mit à même d'entrer au
Conservatoire de Paris où il suivit les leçons d'abord de Bazin et ensuite de Massenet.

Le conseil municipal de Besançon et le conseil général, pendant
plusieurs années votèrent une subvention au jeune compositeur pour
lui permettre de poursuivre ses études et de concourir au prix de
Rome. Il fut admis en loge en 1879 et en 1880. Mais *Non licet
omnibus adire..., Romam.* Notre compatriote n'atteignit pas le
but qu'il visait ; toutefois il ne se découragea pas. Attaché pendant
plusieurs années aux concerts de Colonne, il y devint chef des chœurs
et il se mit à écrire de la musique sérieuse et savante dans des genres
très variés. Nous connaissons de lui des morceaux de chant, de violon, de piano et de hautbois ; de la musique de chambre ; une
symphonie, un oratorio, des scènes lyriques et même deux opéras
comiques dont un a été représenté à Besançon en 1885. Un grand
nombre de ces œuvres ont été achetées et publiées par des éditeurs
de Paris. Chaque année, M. Ratez donne, avec le concours d'artistes

éminents, un concert dans lequel il fait connaître ses compositions. Le dîner franc-comtois « des Gaudes » a eu plus d'une fois la bonne fortune d'entendre de sa musique, exécutée par lui et par d'autres de nos compatriotes (1).

M. Ratez est un musicien de la nouvelle école, un novateur qui professe la plus sincère horreur pour toutes les anciennes formules. C'est un délicat et un raffiné qui court souvent le risque par conséquent de n'être apprécié que d'un public assez restreint.

Sa dernière œuvre consiste en 12 *pièces pittoresques* pour violon ou violoncelle.

Dans cette rapide étude de nos musiciens franc-comtois, nous n'avons voulu parler que des compositeurs ; cependant, qu'on nous permette en terminant de signaler les noms de quelques virtuoses dont le talent a honoré ou honore encore notre pays. *Eugène Roy*, né en 1800, à Lons-le-Saunier et qui était, parait-il, un exécutant de première force sur...... le flageolet ; *Muller* qui fut organiste à Dôle ; de nos jours, *Just Becquet*, notre éminent statuaire qui possède un véritable talent de violoncelliste ; M. *Charles Boudot* l'excellent pianiste de Vesoul, bien connu dans la province où il donne souvent des concerts ; M. *Magdanel*, élève de notre Ecole municipale et du Conservatoire de Paris ; MM. *Aimé Girod* pianiste et compositeur ; *Panier*, *Lagier ;* le chanteur *Dubulle* qui est passé directement de la maitrise de la cathédrale à l'Opéra ; M. *Sandoz*, musicographe et organisateur de nos fêtes musicales, etc. Nous en oublions certainement sinon des meilleurs, au moins de fort recommandables.

V

En rassemblant ces documents sur nos musiciens franc-comtois à toutes les époques, il se trouve que nous avons esquissé une histoire de la musique.

Nos lecteurs ont vu que l'art musical moderne est issu des exercices

(1) C'est à MM. *Ratez* et *Tiersot* que les convives « des Gaudes » ont du le rare plaisir de connaître de la musique de *Goudimel*. M. Tiersot, né à Bourg est franc-comtois par sa mère. Elève de Massenet au Conservatoire il mène de front la composition et la critique musicale. En 1885 il a obtenu le prix Bordin à l'Académie des Beaux-Arts pour un mémoire qu'il publiera bientôt en volume sur « les chansons populaires de la France. » Comme musicien M. Tiersot est l'auteur de plusieurs compositions fort remarquées et entre autres de l'hymne à Edgard Quinet (chant et orchestre) qui fut exécuté, lors de l'inauguration à Bourg de la statue du grand écrivain.

scolastiques des contre pointistes, comme la chimie est sortie des alambics des alchimistes cherchant la pierre philosophale.

Née comme tous les arts, dans l'Eglise, la musique française s'est peu à peu sécularisée. Exclusivement destinée dans le principe à accompagner les cérémonies du culte et à chanter les louanges du Seigneur, elle est devenue dramatique et a exprimé les pensées et les sentiments de l'homme.

Cette transformation a demandé mille ans pour s'accomplir.

Les prodigieuses variations du goût qu'on peut constater dans cet intervalle, depuis la diaphonie du moyen âge, aujourd'hui impossible à entendre sans grincer des dents, jusqu'aux harmonies les plus caressantes pour nos oreilles modernes, prouvent clairement que l'idée du beau, loin d'être absolue est au contraire des plus ondoyantes. Ce « beau » change de criterium en moyenne, à peu près tous les vingt ans. Croire qu'on pourra jamais revenir aux formes mélodiques du commencement de ce siècle et à la simplicité harmonique qui suffisait au dilettantisme de nos pères, c'est s'imaginer qu'un homme de quarante ans reprendra le hochet ou le bâton de racine de guimauve qui servaient à son enfance. Une fois que l'oreille a étendu le champ de ses jouissances, une fois qu'elle a accepté certaines combinaisons harmoniques irritantes, qu'elle s'est lassée de formes devenues banales, c'en est fait, elle ne revient plus « à ses premières amours », quoi qu'en dise la chanson ; il lui faut du nouveau et toujours. Nous ne savons donc, ni ce que nous brûlerons demain, ni ce que nous adorerons. Quel est celui d'entre-nous qui, en matière de musique, n'a pas assisté, et peut-être plusieurs fois, à l'auto-dafé de ses admirations ?

L'Ecole Carlovingienne de Dijon enseignait certainement à ses élèves une toute autre musique que celle qu'on apprend aujourd'hui à l'Ecole municipale de Besançon. Qui sait la musique qui plaira à nos neveux dans cent ans ?

A la soif de nouveautés harmoniques et rythmiques dont nous sommes altérés, je ne serais pas étonné que notre système actuel de tons et de demi tons, ne fut considéré bientôt comme suranné et remplacé par des intervalles moins espacés de tiers ou de quarts de tons. Alors les morceaux qui nous ravissent aujourd'hui ne seront pas plus compris de nos neveux que nous ne comprenons le style madrigalesque de Goudimel ou la musique des Persans et des Chinois.

Quand on songe que des oreilles françaises peuvent supporter la tétralogie des *Niebelungen* aucun goût ne peut être taxé d'invraisemblable.

Charles BEAUQUIER.